AF194161

Impressum
Vorlag: BADADADA GmbH, Nedderfeld 112 , 22529 Hamburg
Geschäftsführer / Verlagsleitung: Harald Hof
Druck: Books on Demand GmbH, In de Tarpen 42, 22848 Norderstedt

Imprint
Publisher: BABADADA GmbH, Nedderfeld 112 , 22529 Hamburg, Germany
Managing Director / Publishing direction: Harald Hof
Print: Books on Demand GmbH, In de Tarpen 42, 22848 Norderstedt

baruumsaa

l'école

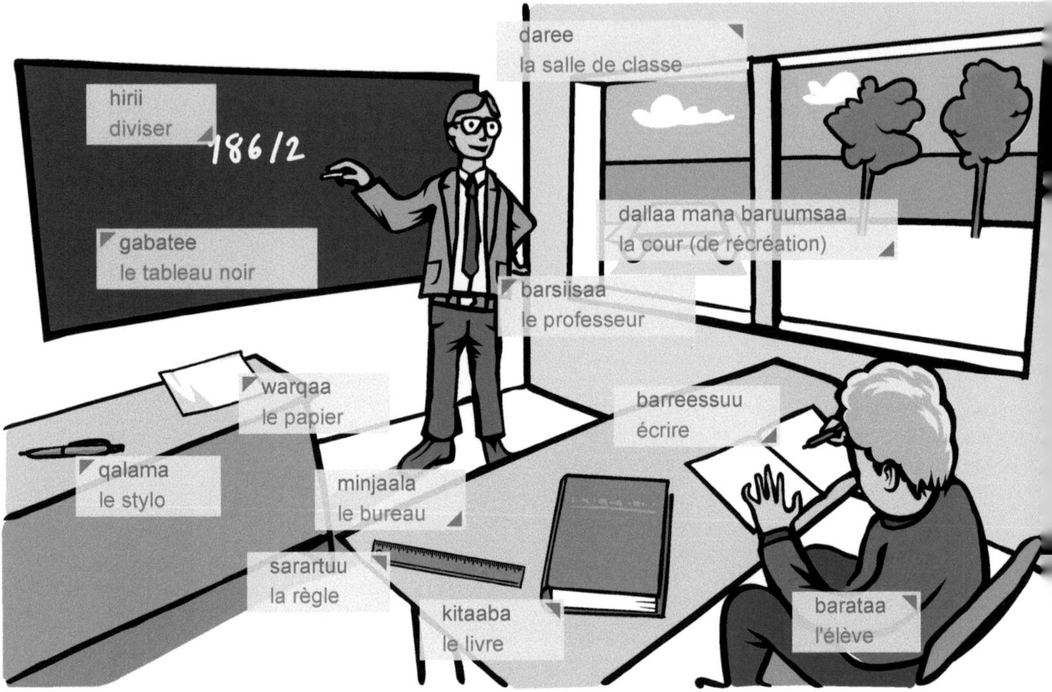
daree
la salle de classe
hirii
diviser
186/2
gabatee
le tableau noir
dallaa mana baruumsaa
la cour (de récréation)
barsiisaa
le professeur
warqaa
le papier
barreessuu
écrire
qalama
le stylo
minjaala
le bureau
sarartuu
la règle
kitaaba
le livre
barataa
l'élève

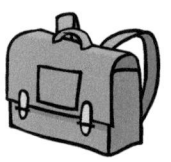

korojoo baattamu

le cartable

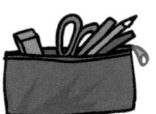

teessoo irsaasii

la trousse

irsaasii

le crayon

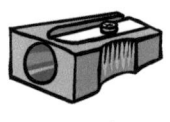

qartuu irsaasii

le taille-crayon

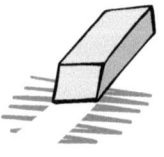

haqxuu

la gomme

paadii fakkii

le carnet à dessin

fakkii

le dessin

burusha halluu

le pinceau

saanduqa halluu

la boîte de peinture

maqasa

les ciseaux

maxxansituu

la colle

daftara

le cahier d'exercices

hojii manaa

les devoirs

lakkoofsa

le chiffre

ida'ii

additionner

hir;isi

soustraire

bay;isi

multiplier

heerregii

calculer

xalayaa

la lettre

tarree qubee

l'alphabet

jecha

le mot

kitaaba barataa

le texte

dubbisuu

lire

biroonkii

la craie

baruumsa

la leçon

galmeessuu

le livre de classe

qormaata

l'examen

raga barreeffamaa

le certificat

uffata mana baruumsaa

l'uniforme scolaire

barnoota

la formation

insaaykiloopeediyaa

le lexique

yuunivarstii

l'université

maaykiroos kooppii

le microscope

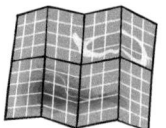

kaartaa

la carte

qircaata gatoo

la corbeille à papier

imala

le voyage

hoteela
l'hôtel
Grand
hosteela
l'auberge
ROOMS
biiroo de cheenjee
le bureau de change
CHANGE
shaanxaa kafanaa
la valise
konkolaataa
la voiture

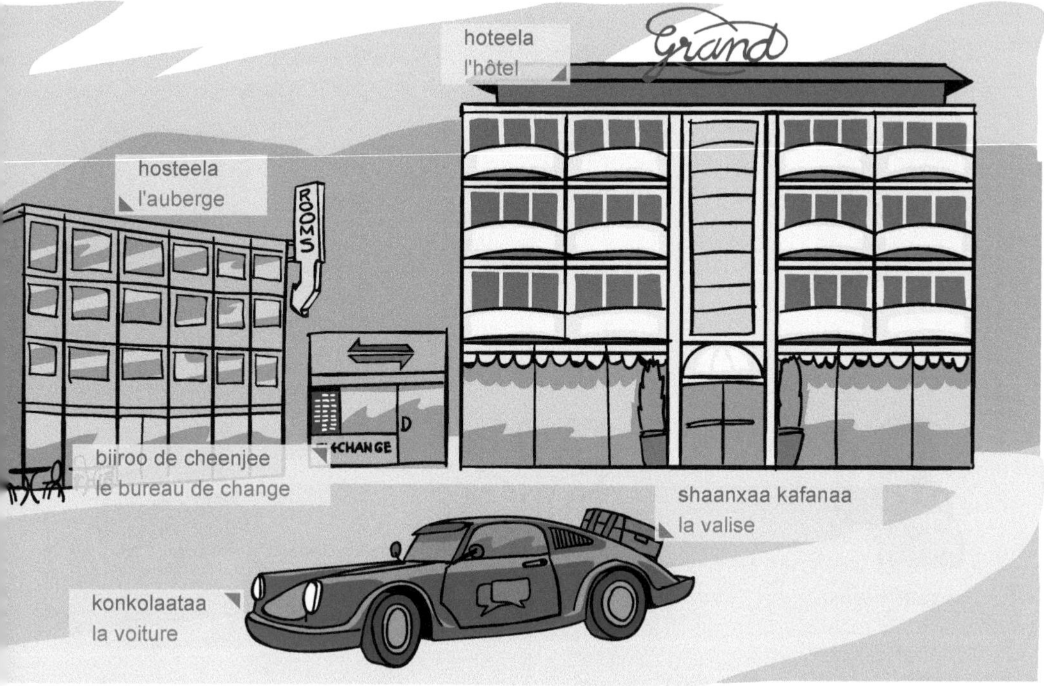

afaan

la langue

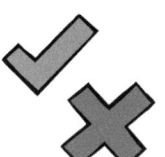

eyyeen / mitii

oui / non

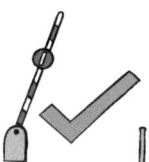

haa ta'u

d'accord

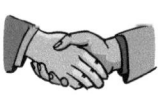

heloo

Salut

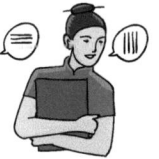

turjmaana

l'interprète

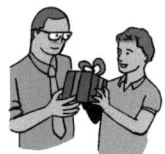

galatoomaa

merci

meeqa

Combien coûte...?

naaf hingalle

Je ne comprends pas

rakkoo

le problème

akkam ooltan

Bonsoir !

akkam bultan?

Bonjour !

halkan gaarii

Bonne nuit !

nagaatti nagaatti

Au revoir

kallattii

la direction

ba'aa imalaa

les bagages

korojoo

le sac

ba'aa dugdaa

le sac-à-dos

keessummaas

l'hôte

kutaa

la pièce

korojoo hirriibaa

le sac de couchage

dukkaana

la tente

odeeffannoo turistii

l'office de tourisme

qarqara haroo

la plage

kireedit kaardii

la carte de crédit

ciree

le petit-déjeuner

laaqana

le déjeuner

irbaata

le dîner

tikkeetii

le billet

liiftii

l'ascenseur

chaappaa

le timbre

daangaa

la frontière

barmaatilee

la douane

embaasii

l'ambassade

viizaa

le visa

paasspoortii

le passeport

geejiba
le transport

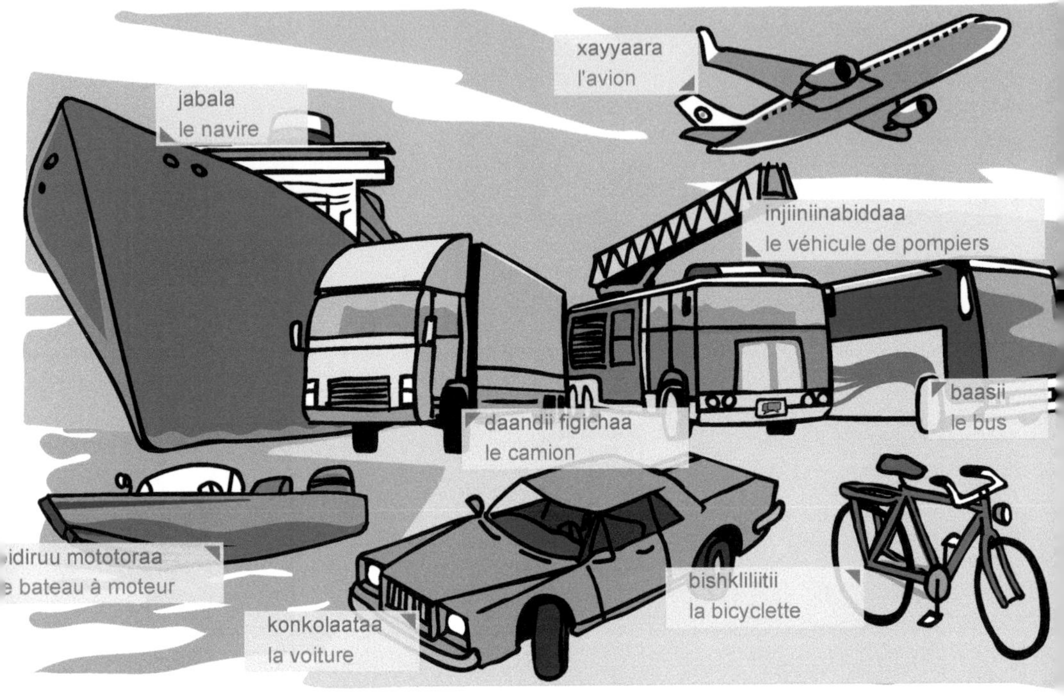
xayyaara
l'avion
jabala
le navire
injiiniinabiddaa
le véhicule de pompiers
baasii
le bus
daandii figichaa
le camion
idiruu mototoraa
bateau à moteur
bishkliliitii
la bicyclette
konkolaataa
la voiture

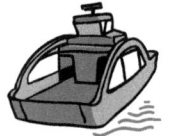

bidiruu deeddebii

le ferry

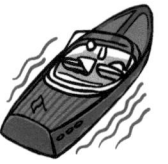

bidiruu

la barque

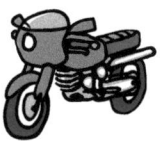

doqdoqqee

la moto

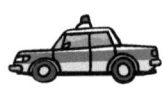

konkolaataa foolisaa

la voiture de police

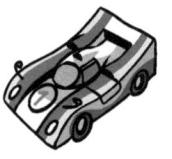

konkolaataa dorgommii

la voiture de course

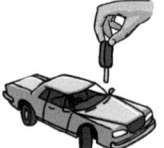

konkolaataa kiraa

la voiture de location

konkolataa waliin gahuu
....
l'auto-partage

marsaa boqqoonna
....
la voiture de remorquage

daandii dhorkaa
....
la benne à ordures

motora
....
le moteur

boba'aa
....
l'essence

buufata boba'aa
....
la station d'essence

mallattoo tiraafikaa
....
le panneau indicateur

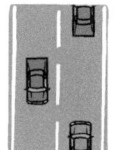

tiraafika
....
le trafic

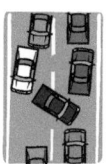

cuccufaa daandii
konkolaataa
....
l'embouteillage

dhaabbii konkolaataa
....
lc parking

buufata baburaa
....
la gare

konkolaataa guddaa
....
les rails

baabura
....
le train

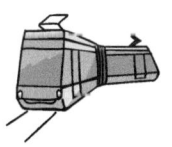

baabura eleektirikaa
....
le tramway

gaarii fardaa
....
le wagon

helikooftara

l'hélicoptère

buufata xayyaaraa

l'aéroport

qooxii

la tour

keessummaa

le passager

konteenara

le conteneur

kaartunii

le carton

gaarii

le chariot

qirccaata

la corbeille

barrisuu / qubachuu

décoller / atterrir

magaalaa gudaa

la ville

araddaa

le village

handhuura magaalaa

le centre-ville

mana

la maison

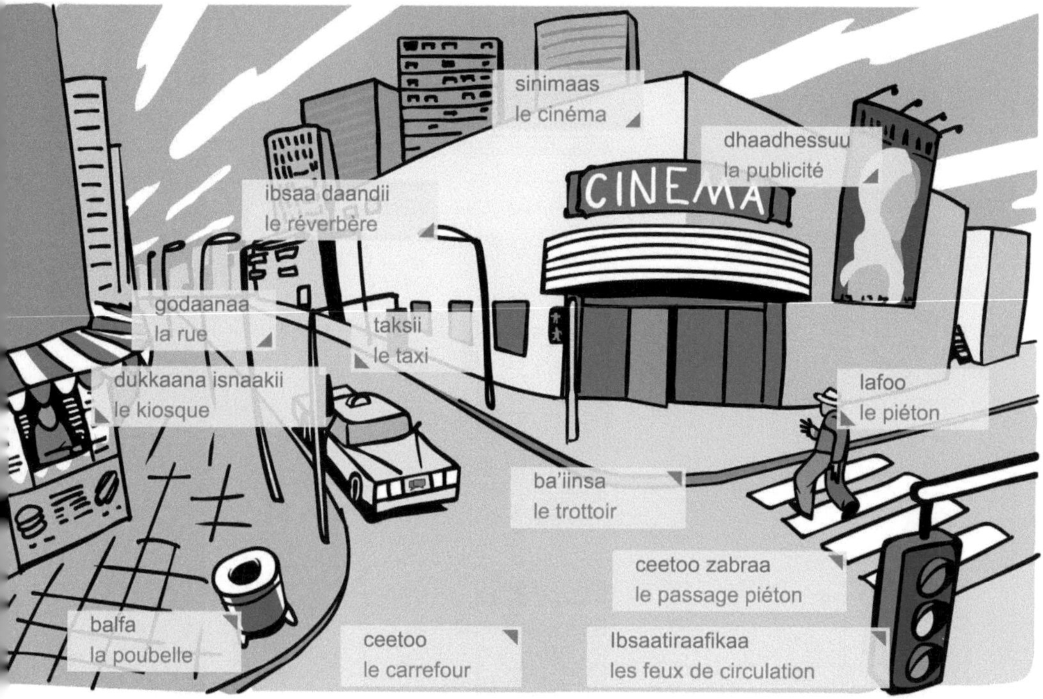

sinimaas
le cinéma

dhaadhessuu
la publicité

ibsaa daandii
le réverbère

godaanaa
la rue

taksii
le taxi

dukkaana isnaakii
le kiosque

lafoo
le piéton

CINEMA

ba'iinsa
le trottoir

ceetoo zabraa
le passage piéton

balfa
la poubelle

ceetoo
le carrefour

Ibsaatiraafikaa
les feux de circulation

godoo
la cabane

diriiraa
l'appartement

buufata baburaa
la gare

galma magaalaa
la mairie

muuziyeemii
le musée

baruumsaa
l'école

yuunivarstii

l'université

baankii

la banque

hospitaala

l'hôpital

hoteela

l'hôtel

mana qorichaa

la pharmacie

waajjira

le bureau

dukkana kitaabaa

la librairie

dukkaana

le magasin

gurgurtuu abaabo

le fleuriste

suppar maarkeetii

le supermarché

gabaa

le marché

kuusaa dame

le grand magasin

kiyyeessituu qurxxummii

la poissonnerie

giddu gala gabaa

le centre commercial

buufata galaanaa

le port

magaalaa gudaa - la ville

paarkii

le parc

tessoo dalgee

la banque

riqica

le pont

sibsaabii

les escaliers

Lafa jala

le métro

holqa

le tunnel

buufata konkolaataa

l'arrêt de bus

baarii

le bar

mana nyaataa

le restaurant

saanduqa poostaa

la boîte à lettres

mallattoodaandii

le panneau indicateur

idoo dhaabbii konkolaataa

le parcmètre

dallaa beeladaa

le zoo

haroo daakkaa

le réverbère

masgiida

la mosquée

qonna

la ferme

faalama

la pollution

iddoo awwaalchaa

la cimetière

charchii

l'église

dirree taphaa

l'aire de jeux

siidaa

le temple

teechuma lafaa
le paysage

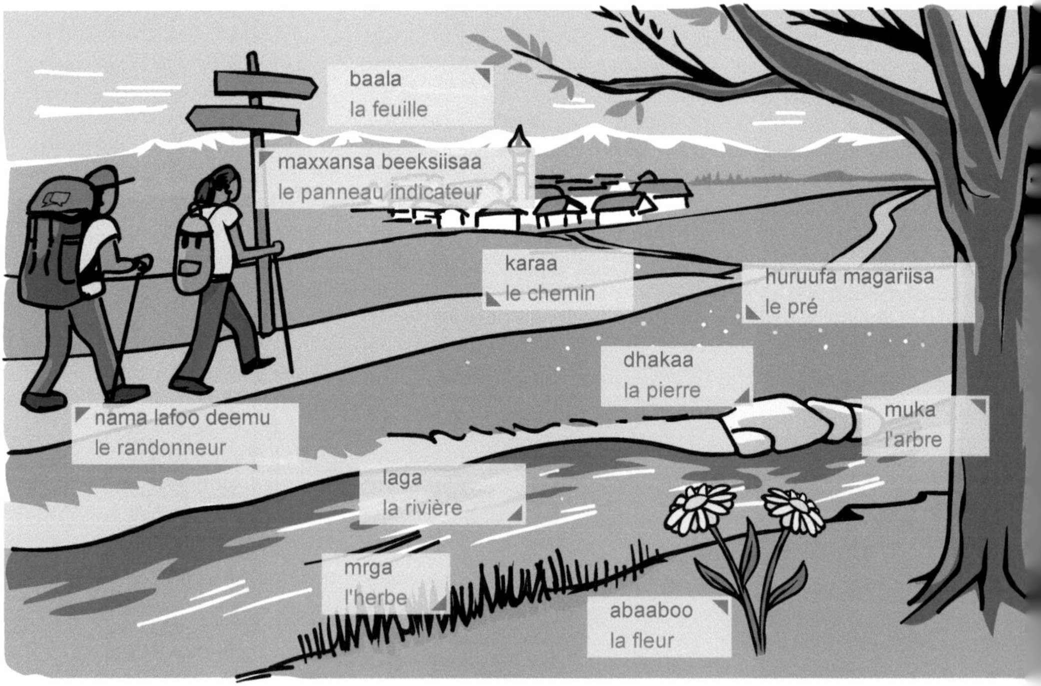

baala
la feuille

maxxansa beeksiisaa
le panneau indicateur

karaa
le chemin

huruufa magariisa
le pré

dhakaa
la pierre

nama lafoo deemu
le randonneur

muka
l'arbre

laga
la rivière

mrga
l'herbe

abaaboo
la fleur

sulula

la vallée

tabba

la montagne

hara

le lac

bosona

la forêt

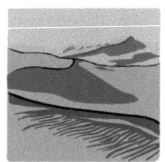

gammoojjii oo;aa

le désert

dhooyinsalafaa

le volcan

masaraa

le château

sabbata waaqqaa

l'arc-en-ciel

jaarsa marqoo

le champignon

muka teemiraa

le palmier

bookee busaa

le moustique

balali'uu

la mouche

mixii

les fourmis

kanniisa

l'abeille

sarariitii

l'araignée

boombii

le coléoptère

hurrii

la grenouille

shikookkoo

l'écureuil

xaddee

le hérisson

beelada illeentii fakkaatu

le lièvre

jajuu

la chouette

simbira

l'oiseau

daakkiyyee

le cygne

ifaannaa

le sanglier

godaa

le cerf

godaa ameerikaatti argamu

l'élan

riqicha

le barrage

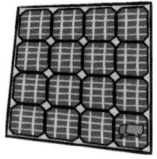

tarbaayinii buubbee

l'éolienne

panaalii soolaarii

le panneau solaire

haala qilleensaa

le climat

mana nyaataa
le restaurant

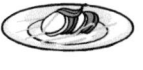

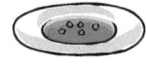

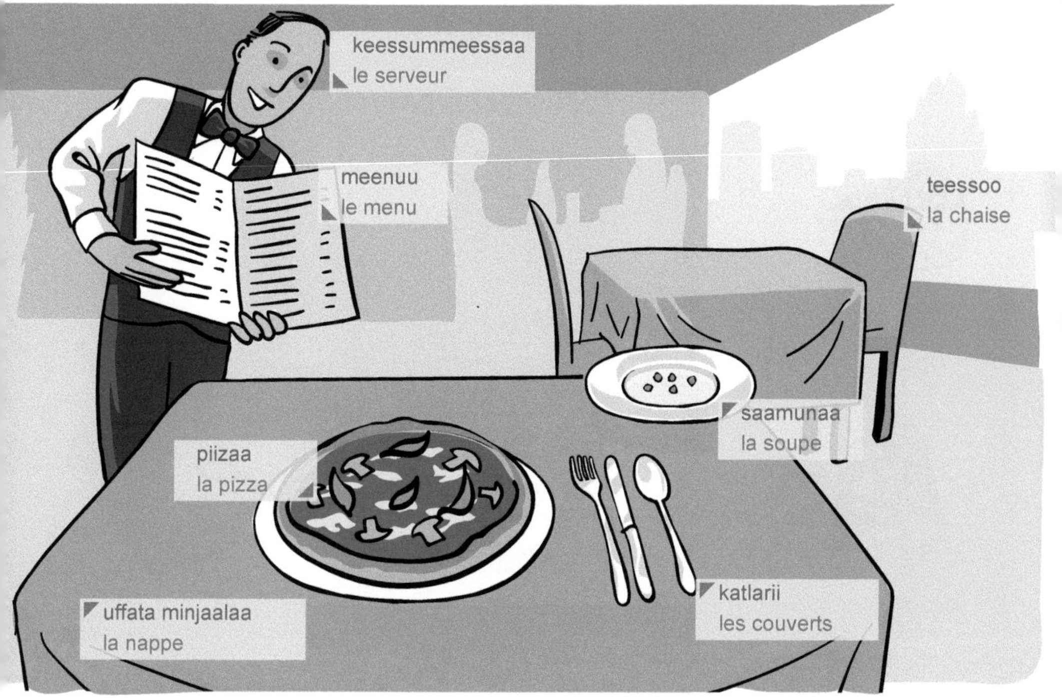
keessummeessaa
le serveur
meenuu
le menu
teessoo
la chaise
saamunaa
la soupe
piizaa
la pizza
katlarii
les couverts
uffata minjaalaa
la nappe

calqabsiisaa
les hors d'œuvre

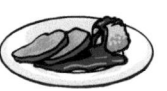

madda muummee
le plat principal

deezaartii
le dessert

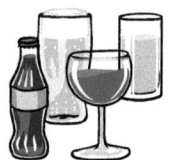

dhugaatii
les boissons

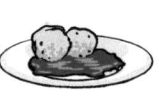

nyaata
l'alimentation

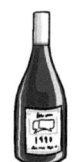

qaruuraa
la bouteille

nyaata qophaa'aa

le fast-food

nyaata karaa irraa

les plats à emporter

markajii shaayii

la théière

qodaa shukkaaraa

le sucrier

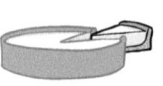

uwwisa

la portion

maashina espereessoo

la machine à expresso

teessoo ol ka'aa

la chaise haute

nagahee

la facture

tirii

le plateau

hlbee

le couteau

shuukkaa

la fourchette

fal'aana

la cuillère

fal'aana shaayii

la cuillère à thé

uffrata minjaala nyaataa

la serviette

burcuqqoo

le verre

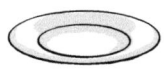

diiriiraa

l'assiette

teessoo saamunaa

l'assiette à soupe

teessoo siinii

la soucoupe

sugoo

la sauce

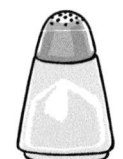

qodaa sooqiddaa

la salière

daaktuu barbaree

le moulin à poivre

hadhooftuu

le vinaigre

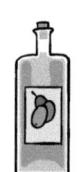

zayita

l'huile

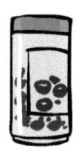

qimamii

les épices

kachappii

le ketchup

sanaafica

la moutarde

maaynoneezii

la mayonnaise

suppar maarkeetii
le supermarché

kenaa addaa
l'offre promotionnelle
FOR
maamila
le client
oomish aannanii
les produits laitiers
fuduraa
les fruits
baabura eelektirikaa
le chariot

BUTCHERS

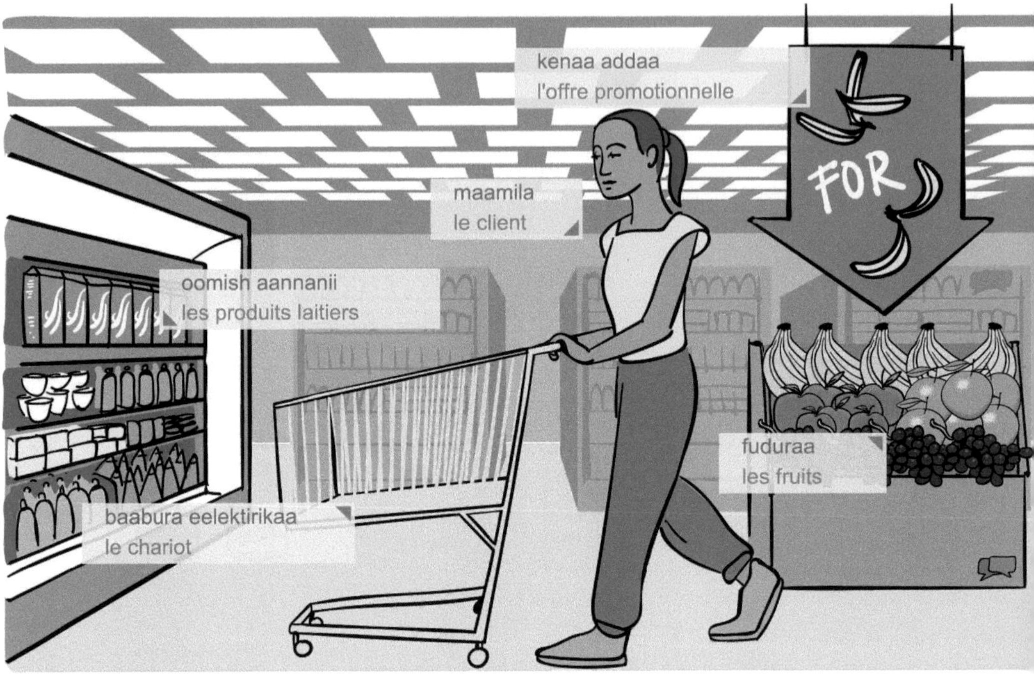

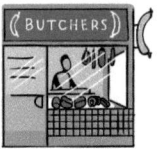

mana foonii

la boucherie

BAKERY

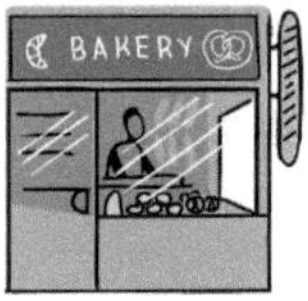

tolchituu

la boulangerie

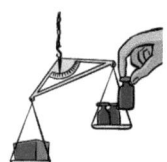

ulfaatina safaruu

peser

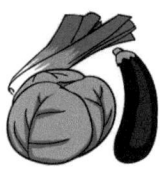

kuduraa

les légumes

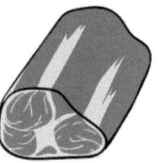

foon

la viande

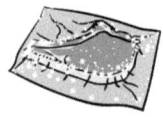

nyaataqorraa

les aliments surgelés

foon qorraa

la charcuterie

nyaata samsmaa

les conserves

oomoo

la poudre à lessive

mi'aawaa

les bonbons

oomisha meeshaa manaa

les articles ménagers

bu'aa qulqulleessuu

les détergents

nama gurgurtaa

la vendeuse

hanga

la caisse

qarshi qabduu

le caissier

taree gabaa

la liste d'achats

sa'aatii baniinsaas

les heures d'ouverture

krojoo qarshii kan dhiiraa

le portefeuille

kireedit kaardii

la carte de crédit

korojoo

le sac

korojoo pilaastikaa

le sac en plastique

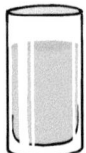

bishaan

l'eau

cuunfaa

le jus de fruit

aannani

le lait

kookii

le coca

wayinii

le vin

biiraa

la bière

alkoolii

l'alcool

kookaa

le chocolat chaud

shaayii

le thé

buna

le café

espereesso

l'expresso

kaappuchuunoo

le cappuccino

muuzii

la banane

aappilii

la pomme

burtukaana

l'orange

meeloonii

le melon

loomii

le citron.

kaarotii

la carotte

qullubbii adii

l'ail

leemmana

le bambou

qullubbii

l'oignon

jaarsa marqoo

le champignon

godoo

les noisettes

gowwaa

les pâtes

ispaageetii

les spaghetti

ruuza

le riz

salaaxaa

la salade

chiipsii

les pommes frites

moose affeelamaa

les pommes de terre rôties

piizaa

la pizza

hmbargarii

le hamburger

saanduchii

le sandwich

kotaleetii

l'escalope

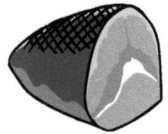

foon booyyee kan luka
fuuiduraa

le jambon

nyaata mi'eessituu fi
sooggiddan sukkummame

le salami

sausage

la saucisse

lukuu

le poulet

waaddii

le rôti

qurxummii

le poisson

bulluqa aajjaa

les flocons d'avoine

daakuu

la farine

masliis

le muesli

kiroosantii

le croissant

fandishaa

les cornflakes

daabboo-

les petits-pains

daabboo

le pain

dabboo oo'aa

le pain grillé

buskuuta

les biscuits

dhadhaa

le beurre

itittuu

le fromage blanc

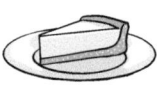

keekii

le gâteau

buuphaa

l'œuf

buuphaa affeelamaa

l'œuf au plat

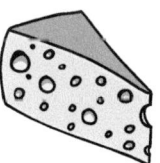

ayibii

le fromage

aays kireemii

la glace

shukkaara

le sucre

damma

le miel

marmaalaataa

la confiture

chokkoleetii bittinnaa'aa

la crème nougat

kuurii

le curry

qonna
la ferme

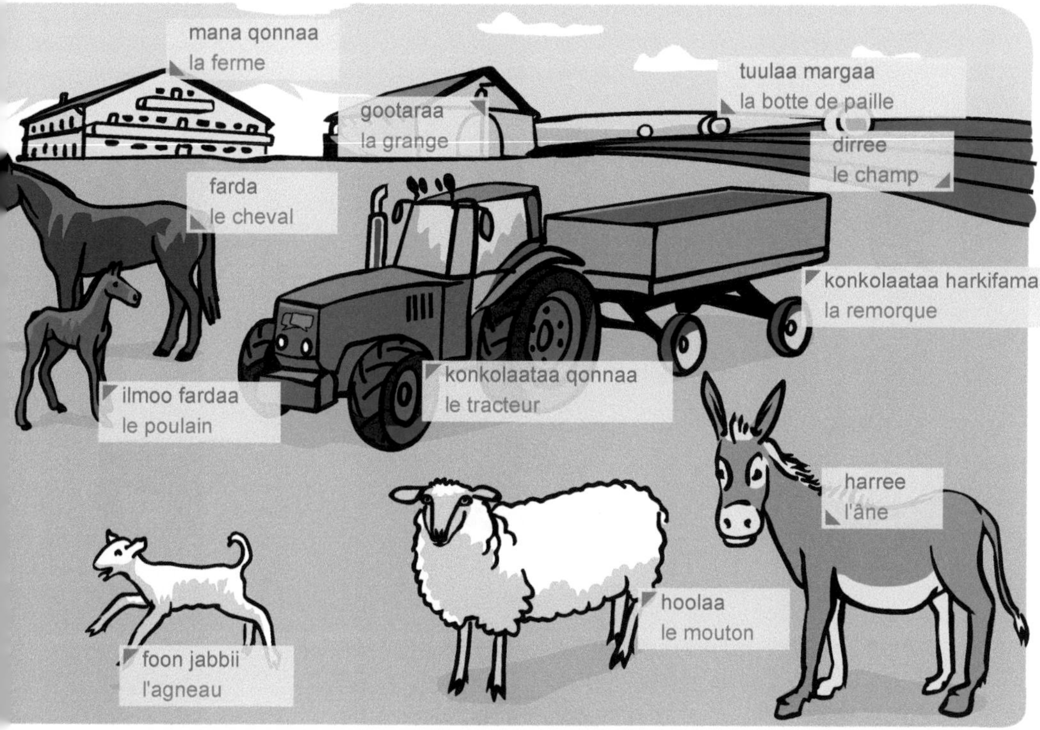
mana qonnaa
la ferme
gootaraa
la grange
tuulaa margaa
la botte de paille
dirree
le champ
farda
le cheval
konkolaataa harkifamaa
la remorque
konkolaataa qonnaa
le tracteur
ilmoo fardaa
le poulain
harree
l'âne
hoolaa
le mouton
foon jabbii
l'agneau

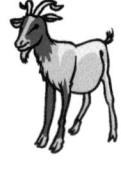

ra'ee
la chèvre

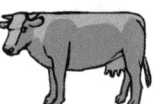

sa'a
la vache

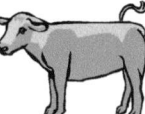

jabbilee
le veau

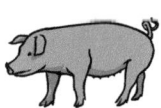

booyyee
le porc

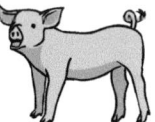

ilmoo booyyee
le porcelet

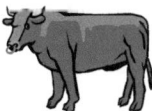

korma
le taureau

ziyyee

l'oie

daakkiyyee

le canard

lukkuu

le poussin

lukkuu haadhoo

la poule

lukkuu kormaa

le coq

hantuuta

le rat

adurree

le chat

hantuuta goodaa

la souris

qotiyyoo

le bœuf

saree

le chien

mana saree

le chenil

ujjummoo oddoo

le tuyau de jardin

kan ittin bishaan obaasan

l'arrosoir

haamtuu dheeraa

la faucheuse

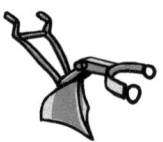

qotuu

la charrue

haamtuu
la faucille

gasoo
la pioche

manshii
la fourche

qotoo
la hache

gaarii goommaa
la brouette

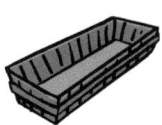

suluula
la cuve

meeshaa aannanii
le pot à lait

keeshaa
le sac

dallaa
la clôture

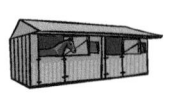

tasgabbii
l'étable

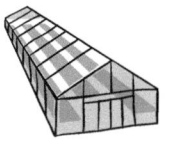

mana biqiltuu
le serre

biyyee
le sol

sanyii
les semences

dachee gabbistuu
l'engrais

kmbaayinara haamaa
la moissonneuse-batteuse

haamuu

récolter

haamuu

la récolte

biqiltuu hundeen isaa nyaatamu

l'igname

qamadii

le blé

sooy

le soja

moose

la pomme de terre

boqqoolloo

le maïs

raappii siidii

le colza

muka fudraa

l'arbre fruitier

kzaavaa

le manioc

midhaan biilaa

les céréales

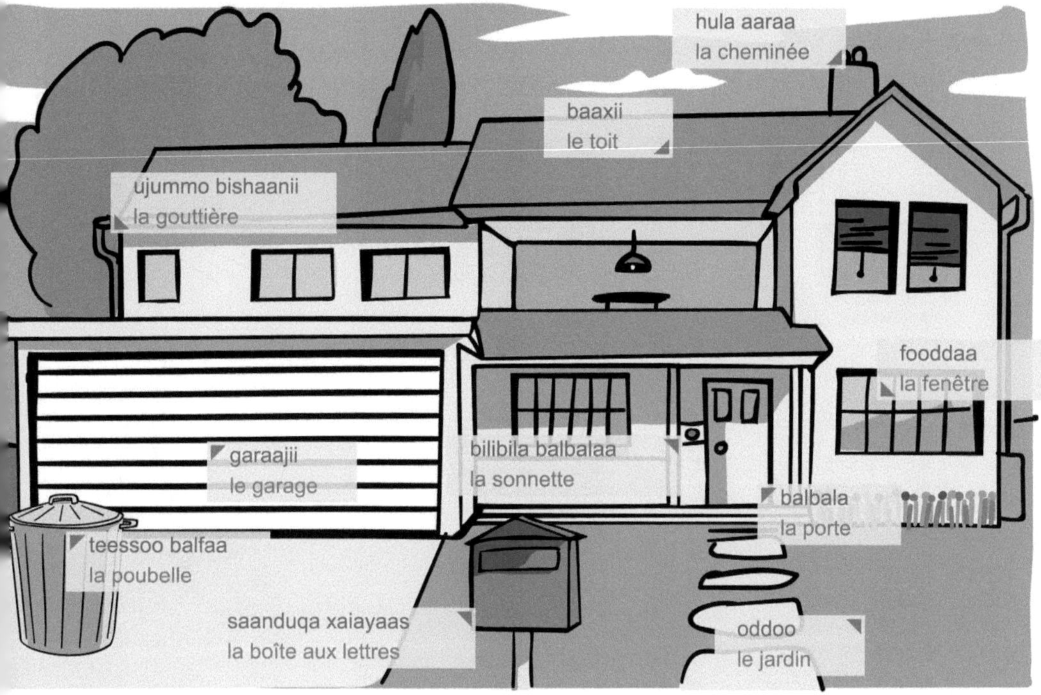

hula aaraa
la cheminée

baaxii
le toit

ujummo bishaanii
la gouttière

fooddaa
la fenêtre

garaajii
le garage

bilibila balbalaa
la sonnette

balbala
la porte

teessoo balfaa
la poubelle

saanduqa xaiayaas
la boîte aux lettres

oddoo
le jardin

kutaa jireenyaa
le salon

kutaa dhiqannaa
la salle de bain

mana bilcheessaa
la cuisine

kutaa ciisichaa
a chambre à coucher

kutaa ijoollee
la chambre d'enfant

kutaa nyaataa
la salle à manger

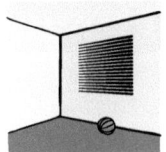

lafa

le sol

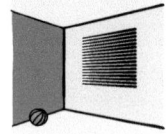

ededaa

le mur

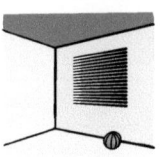

baaxii

le plafond

seelaarii

la cave

saawunaa

le sauna

baankoonii

le balcon

madaba

la terrasse

puulii

la piscine

konkoolaataa haamaa

la tondeuse à gazon

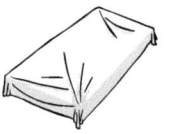

ansoolaa

la housse

uffata siree

la couette

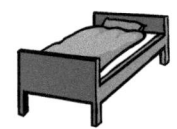

siree

le lit

hartuu

le balai

baaldii

le sceau

cufuu

l'interrupteur

kutaa jireenyaa

le salon

wolpeepparii
le papier peint
fakkii
l'image
foon hoolaa
la lampe
masalangaa
l'étagère
kaappi boordiis
l'armoire
tleviszjinii
la télé
midijjaa
la cheminée
abaaboo
la fleur
boraatiii
le coussin
soofaa
le sofa
tessoo abaaboo
le vase
too'attuu halaalaa
la télécommande

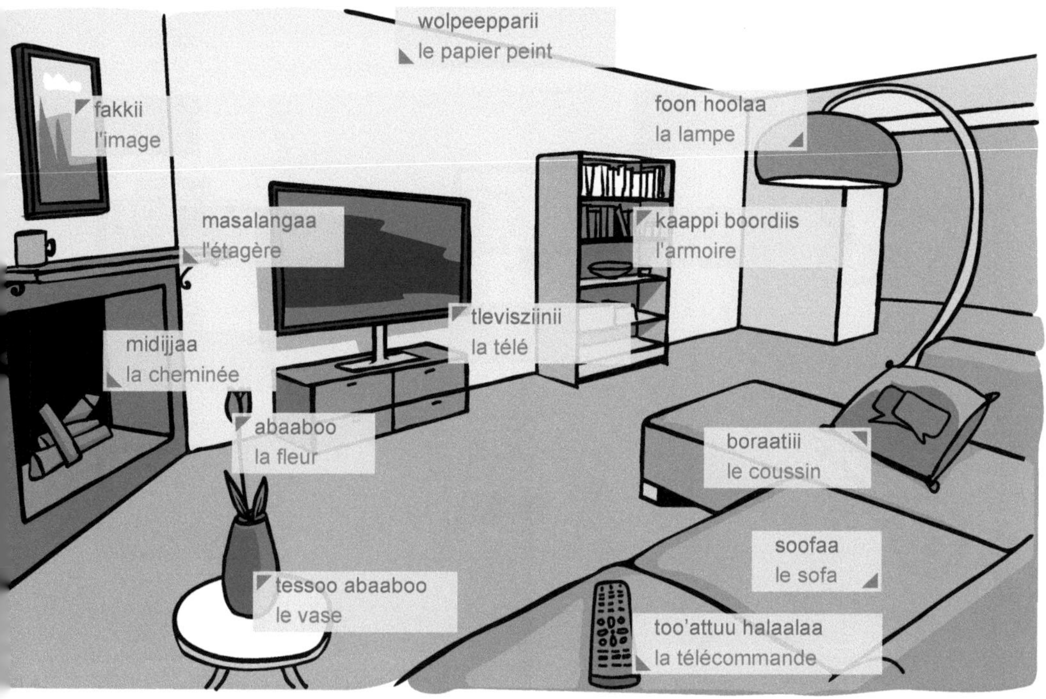

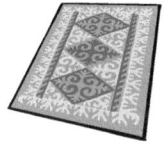

afata

le tapis

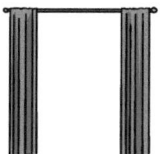

golgaa

le rideau

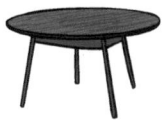

minjaala

la table

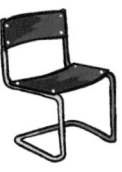

teessoo

la chaise

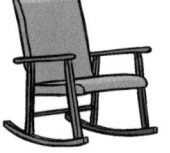

teessoo rarra'aa

la chaise à bascule

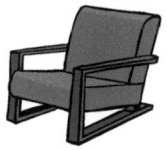

teesoo ciqilffannaa

le fauteuil

kitaaba

le livre

uffata qorraa

la couverture

midhagina

la décoration

muka qoraanii

le bois de chauffage

fiilmii

le film

meeshaa

la chaîne hi-fi

furtuu

la clé

gaazexaa

le journal

dibuu

la peinture

barjaa

le poster

reedyoonii

la radio

daftara yaadanoo

le bloc-notes

meeshaa eeleektirikaa afata
qulqulleessu

l'aspirateur

laaftoo

le cactus

dungoo

la bougie

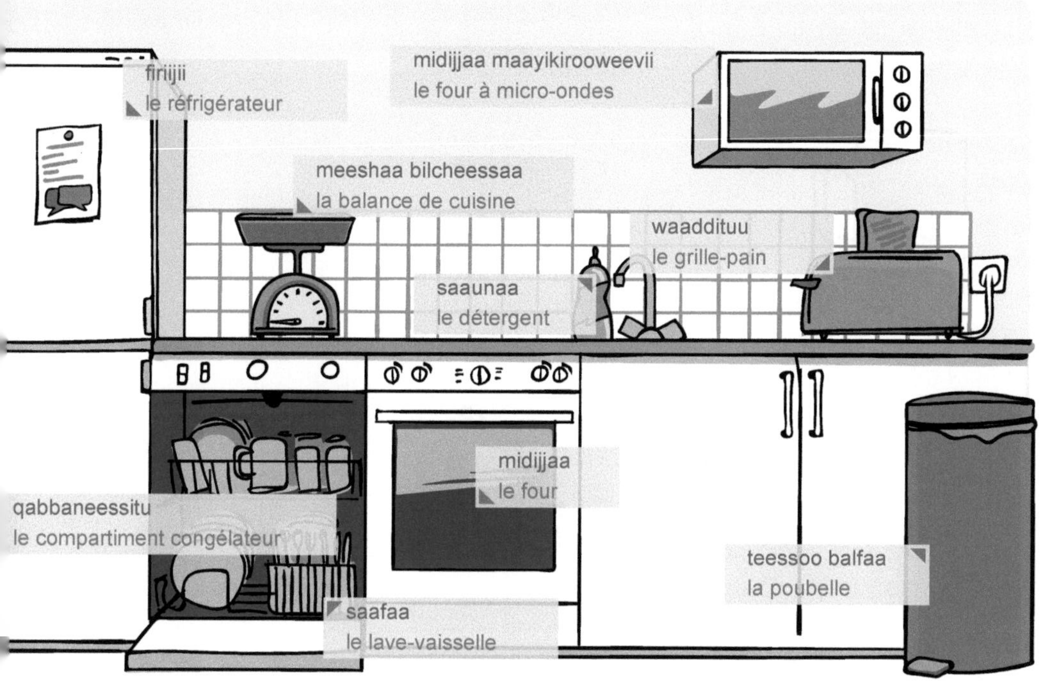

firiijii
le réfrigérateur

midijjaa maayikirooweevii
le four à micro-ondes

meeshaa bilcheessaa
la balance de cuisine

waaddituu
le grille-pain

saaunaa
le détergent

midijjaa
le four

qabbaneessitu
le compartiment congélateur

teessoo balfaa
la poubelle

saafaa
le lave-vaisselle

bılcheesssituu

le four

okkotee

la casserole

cast-iron pot

la marmite

sataatee

le wok / kadai

waaddituu

la poêle

markajii

la bouilloire electrique

jabala humna urkaa

le cuiseur vapeur

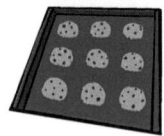

tirii bilcheessaa

la plaque de cuisson

bantuu qaruuraa

la vaisselle

geeba

le gobelet

sayinaa

la coupe

dibata hidhii

les baguettes

cilfaa

la louche

shuukkaa

la spatule

areeda aduurree

le fouet

dhimbiibduu

la passoire

gingilchaa

le tamis

meeshaa farfartuu

la râpe

mooyyee

le mortier

waadii abiddaa

le barbecue

midijjaa

la cheminée

maktafiyaa

la planche à découper

martuu

le rouleau à pâtisserie

bantuu qaruuraa

le tire-bouchon

danda'uu

la boîte

banuu danda'uu

l'ouvre-boîte

teesoo okkotee

les maniques

lixuu

le lavabo

buruushii

la brosse

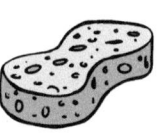

ispoonjii

l'éponge

meeshaa waliin makaa

le mixeur

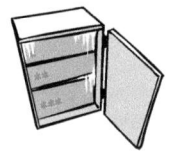

qabbaneessaa guddaa

le congélateur

xuuxxoo

le biberon

ujjuummoo

le robinet

kutaa dhiqannaa
la salle de bain

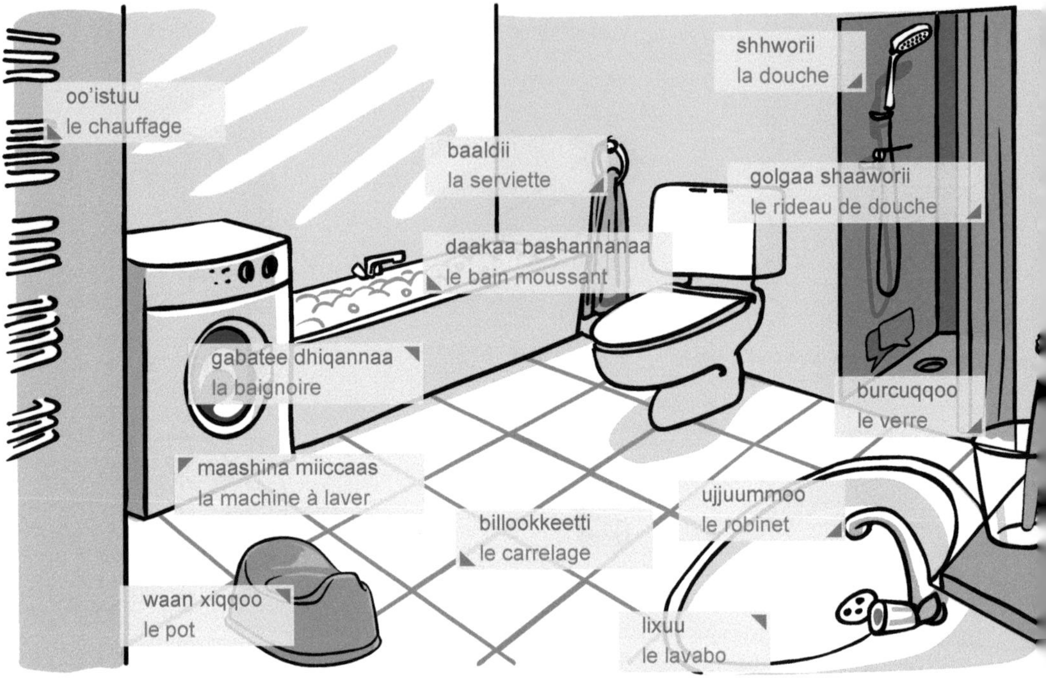

oo'istuu
le chauffage
baaldii
la serviette
shhworii
la douche
golgaa shaaworii
le rideau de douche
daakaa bashannanaa
le bain moussant
gabatee dhiqannaa
la baignoire
burcuqqoo
le verre
maashina miiccaas
la machine à laver
ujjuummoo
le robinet
billookkeetti
le carrelage
waan xiqqoo
le pot
lixuu
le lavabo

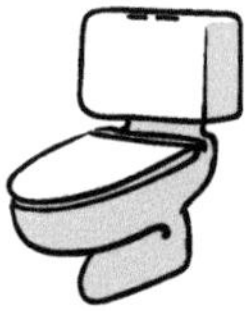

mana fincaanii

les toilettes

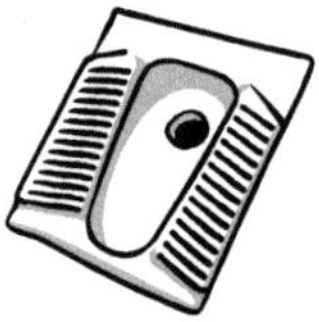

mana fincaanii taa'e

la toilette à la turque

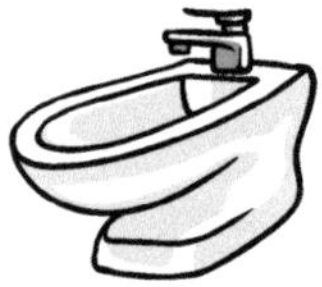

saafaa

le bidet

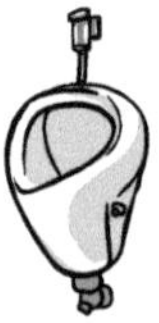

sahiinaa mana fincaanii

l'urinoir

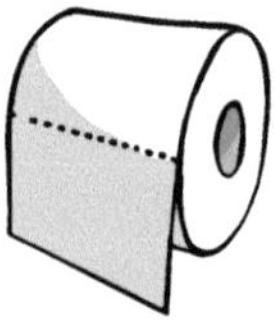

sooftii

le papier toilette

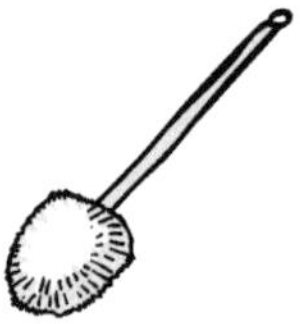

burusha mana fincaanii

la brosse à toilette

buruushii ilkaanii

la brosse à dents

saamunaa ilkaanii

le dentifrice

soqxuu ilkaanii

le fil dentaire

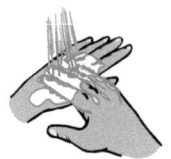

dhiquu

laver

qaama dhiqannaa aadaa

la douche manuelle

kan dach

la douche intime

sulula

la vasque

mana dhiqataa

la brosse dorsale

saamunaa

le savon

bata dhiqannaa boodaa

le gel douche

shaampuu

le shampooing

jejuu

le gant de toilette

gogsuu

l'écoulement

kireemii

la crème

dodoraantii

le déodorant

kutaa dhiqannaa - la salle de bain

daawitii

le miroir

daawitii hrkaa

le miroir cosmétique

milaacii

le rasoir

dibata areedaas

la mousse à raser

diibata areedaa

l'après-rasage

filaa

la peigne

burusha

la brosse

qoorsituu rifeensaa

le sèche-cheveux

hafuuftuu rifeensaa

la laque pour cheveux

meekaappii

le fond de teint

lippistiikii

le rouge à lèvres

qeessa muculiksituu

le vernis à ongles

jirbii

l'ouate

murtuu qeessa

le coupe-ongles

shittoo

le parfum

korojoo dhiqannaa

la trousse de toilette

gatteechuma

le tabouret

iskeelii ulfaatinaa

le pèse-personne

uffata dhiqannaa

le peignoir

guwaantii pilaastikaa

les gants de nettoyage

moodesii

le tampon

fooxaa qulquulinaa

s serviettes hygiéniques

keemikaala mana fincaanii

la toilette chimique

kutaa ijoollee
la chambre d'enfant

sa'aatii alaarmii
le réveil
Eebbiyyoo Hammatamu
le doudou
konkolaatt ijollee
la voiture jouet
hasaasuu
le hochet
mana eebbiyyo
la maison de poupée
jira
le cadeau

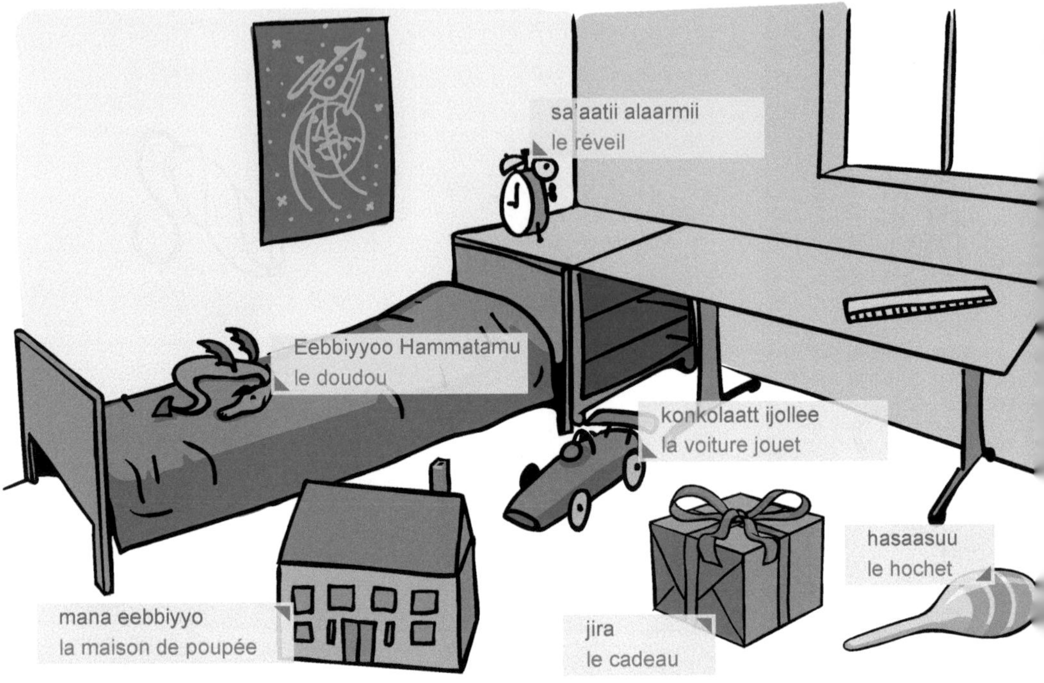

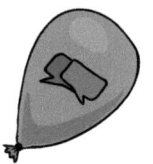

baaloonii

le ballon

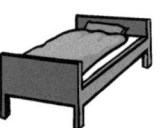

siree

le lit

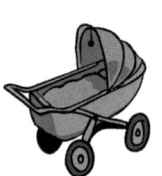

gaarii daa'imaa

la poussette

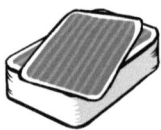

Minjaala Kaardii

le jeu de cartes

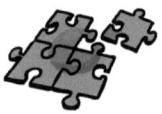

akaafaa

le puzzle

SUPER
MEGA

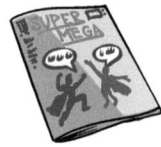

kofalchiisaa

la bande dessinée

lego bricks

les pièces lego

dlookii ijaarsaa

les blocs de construction

lakkofsa gochaa

la figurine

guddina daa'imaa

la grenouillère

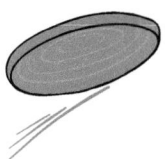

saahinaa taphaa

le frisbee

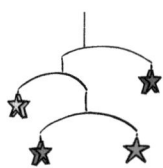

mobaayilii

le mobile

gabatee taphaa

le jeu de société

kuubii lakk. 1-6 qabu

le dé

teessuma leenji'aa modeelaa

le train miniature

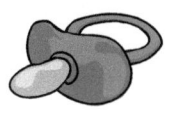

fakkii

la sucette

afeerrii

la fête

kitaaba fakii

le livre d'images

kubbaa

la balle

eebiyyoo

la poupée

tapha

jouer

boolla cirrachaa

le bac à sable

hodhuu

la balançoire

eebbiyyoo

les jouets

konsoli tapha viidyoo

la console de jeu

marsaa sadii

le tricycle

eebiyyo hammatamtu

l'ours en peluche

sanduqaa dhaabbii

l'armoire

cuufinsa

les vêtements

kaalsii

les chaussettes

istookingii

les bas

taayitii

le collant

guftaa
l'écharpe

dibaaboo
le parapluie

qabattoo
la ceinture

qomee
le t-shirt

leenjitoota
les baskets

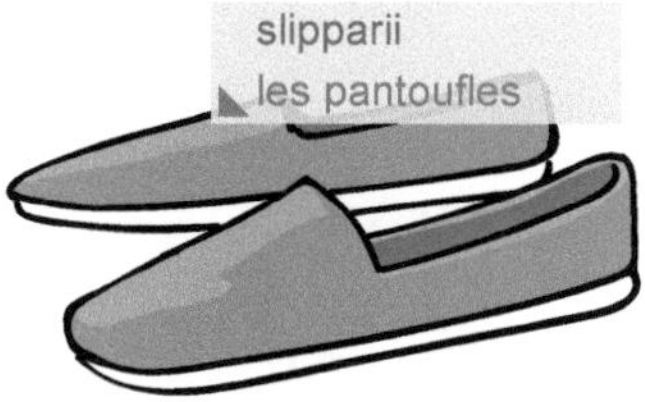

bidiruuwwan
les bottes

slipparii
les pantoufles

kophee banaa

les sandales

kophee

les chaussures

bidiruu pilaastikaa

les bottes de caoutchouc

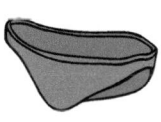

butaantaa

les sous-vêtements

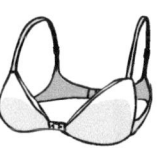

harmaa

le soutien-gorge

sadariyyaa

le maillot de corps

qaama

le body

kofoo dheeraa

le pantalon

jiinsii

le jean

dalgee

la jupe

shamiza

le chemisier

shurraaba

la chemise

shurraaba

le pull

haaguuggii jaakkeettii

le sweat à capuche

yuunifoormii

la veste

jaakkeettii

la veste

kootii

le manteau

kafana roobaa

l'imperméable

barsuma

le costume

wandaboo

la robe

kafana gaa'ilaa

la robe de mariée

kafana guutuu
le costume

uffata halkanii
la chemise de nuit

bijaamaa
le pyjama

wandaboo hindii
le sari

guftaa
le foulard

marata
le turban

burqaa
la burqa

jalabiyyaa
le caftan

abaya
l'abaya

kafana daakkaa
le maillot de bain

mudhii
le maillot de bain

kofoo gabaabaa
le short

kafanafgichaa
tenue d'entraînement

appiroonii
le tablier

guwwaantii
les gants

furtuu

le bouton

burcuqqoowwan

les lunettes

gumee

le bracelet

amartii

le collier

qubeelaa

la bague

glii

la boucle d'oreille

geeba

le bonnet

fanoo kootii

le cintre

qoobii

le chapeau

karbaata

la cravate

ziippii

la fermeture éclair

heelmeetii

le casque

collee

les bretelles

uffata mana baruumsaa

l'uniforme scolaire

yuunifoormii

l'uniforme

kafana gorooraa

le bavoir

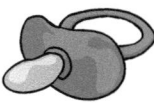

fakkii

la sucette

naappii

la lange

waajjira

le bureau

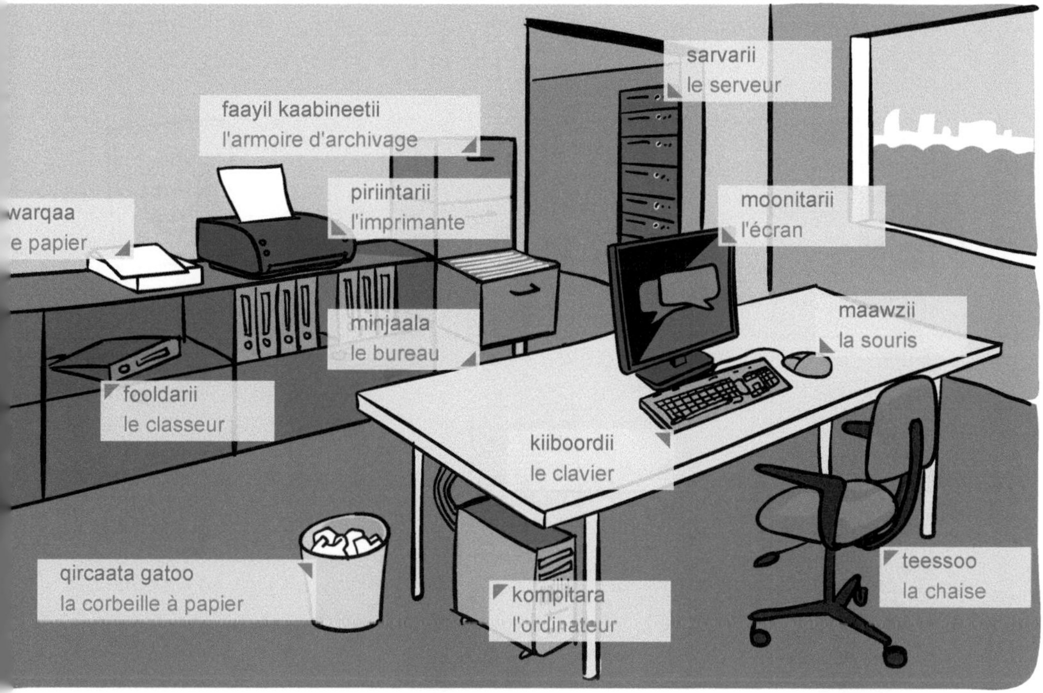

sarvarii
le serveur

faayil kaabineetii
l'armoire d'archivage

piriintarii
l'imprimante

moonitarii
l'écran

warqaa
e papier

minjaala
le bureau

maawzii
la souris

fooldarii
le classeur

kiiboordii
le clavier

qircaata gatoo
la corbeille à papier

teessoo
la chaise

kompitara
l'ordinateur

siinii bunaa

la tasse de café

herregduu

la calculatrice

intarneetii

l'internet

lab tooppii

l'ordinateur portable

xalaya

la lettre

ergaa

le message

mobbyilii

le portable

neetwoorkii

le réseau

maashina footokoppii

la photocopieuse

sooft weerii

le logiciel

bilbila

le téléphone

sookkeetii suuqii

la prise

maashina faaksiis

le fax

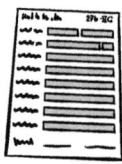

uunkaa

le formulaire

dookimantii

le document

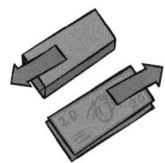

bituu
....
acheter

kafaluu
....
payer

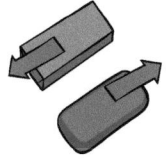

daldaluu
....
faire du commerce

qarshii
....
la monnaie

doolaara
....
le dollar

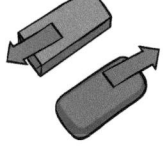 

yuroou
....
l'euro

yen
....
le yen

ruubilii
....
le rouble

Farankaa swwiz
....
le franc suisse

yuwaanii reenmiinbii
....
le renminbi yuan

ruuppee
....
la roupie

kaash pooyintii
....
le distributeur automatique

biiroo de cheenjee

le bureau de change

warqee

l'or

meeta

l'argent

zayita

le pétrole

human

l'énergie

gatii

le prix

koontiraata

le contrat

taaksii

la taxe

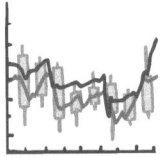

shaqaxa

l'action

hojjechuu

travailler

qacaramaa

l'employé

qacaraa

l'employeur

faabrikaas

l'usine

dukkaana

le magasin

hojii
les professions

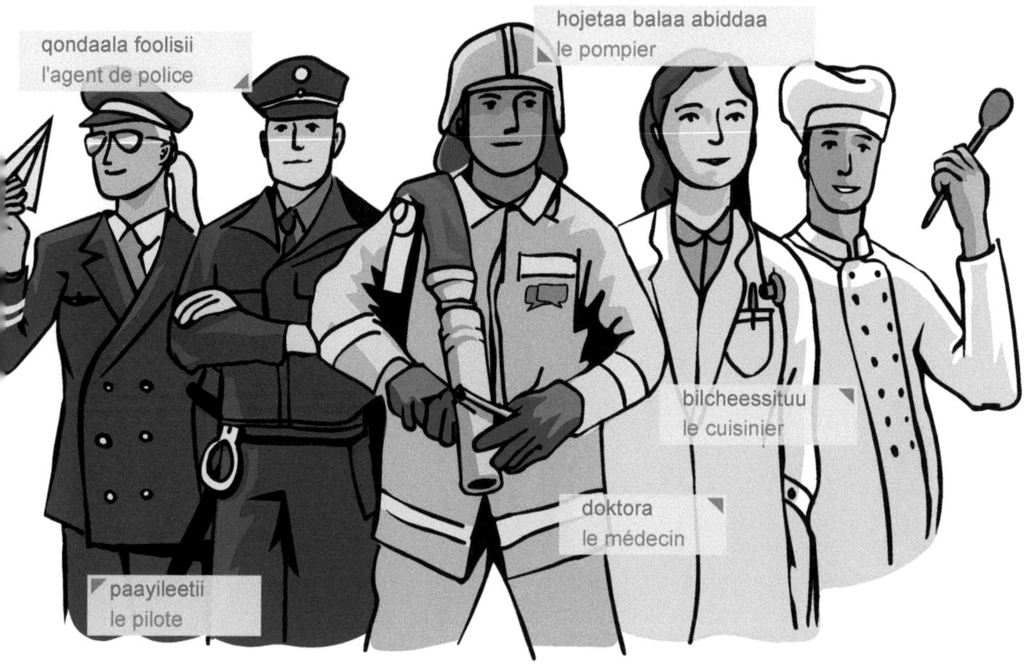
qondaala foolisii
l'agent de police
hojetaa balaa abiddaa
le pompier
bilcheessituu
le cuisinier
doktora
le médecin
paayileetii
le pilote

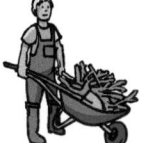

waardiyyaa

le jardinier

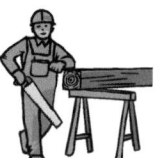

ogeessa mukaa

le menuisier

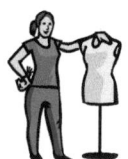

ooftuu jabalaa

la couturière

abbaa seeraa

le juge

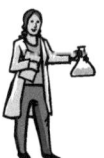

keemistii

le chimiste

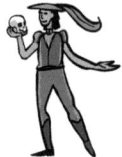

ta'aa

l'acteur

konkolaachisaa

le conducteur de bus

konkolaachisaataaksii

le chauffeur de taxi

qurxumii kiyyeessaa

le pêcheur

qulqulleessituu

la femme de ménage

hojetaa baaxii

le couvreur

keessummeessaa

le serveur

adamisituus

le chasseur

halluu dibduu

le peintre

tolchituu

le boulanger

elektrishaana

l'électricien

ijaaraa

l'ouvrier

injinara

l'ingénieur

mana foonii

le boucher

hjjetaa ujummoo

le plombier

poostaa geessituu

le facteur

raayyaa

le soldat

arkteektii

l'architecte

qarshi qabduu

le caissier

abaaboo gurgurtuu

le fleuriste

dabbasaa murtuu

le coiffeur

kondaaktara

le contrôleur

makaanika

le mécanicien

kaappiteenii

le capitaine

hakiima ilkee

le dentiste

saayntiistii

le scientifique

rabbi

le rabbin

imaama

l'imam

moloskee

le moine

luba

le prêtre

meeshaalee
les outils

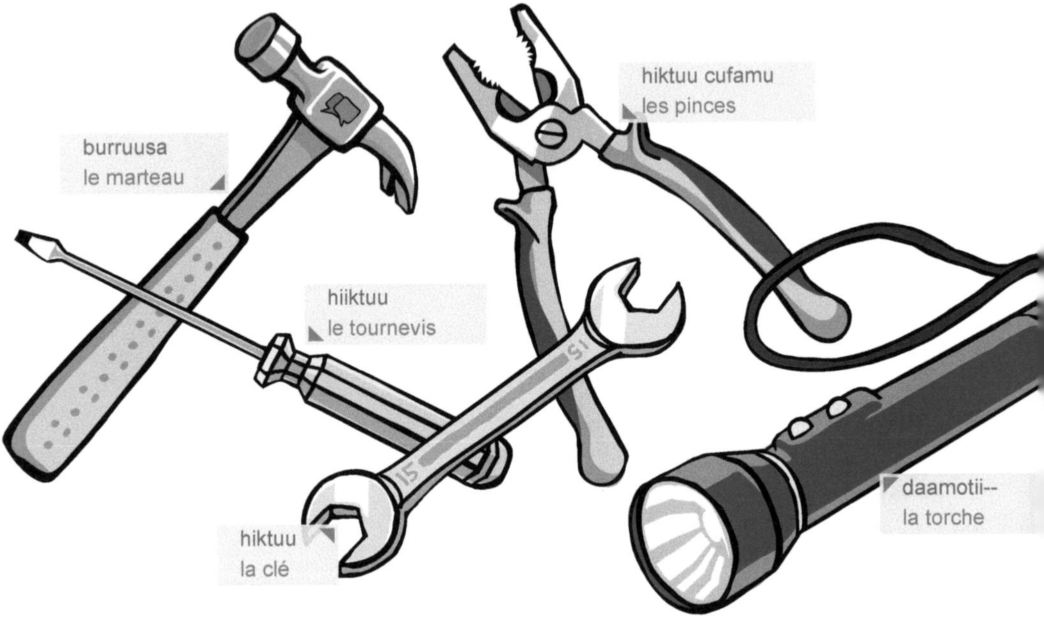
hiktuu cufamu
les pinces
burruusa
le marteau
hiiktuu
le tournevis
hiktuu
la clé
daamotii--
la torche

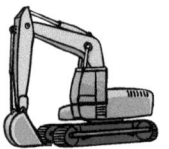

gasoo

la pelleteuse

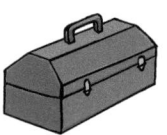

saanduqa meeshhalee

la boîte à outils

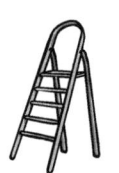

kortoo

l'échelle

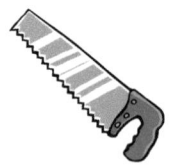

magaazii

la scie

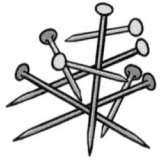

bismaara

les clous

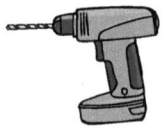

diriilii

la perceuse

suphuu

réparer

akaafaa

la pelle

dhaabi

Mince !

gataa balfaa

la pelle

qodaa haalluu

le pot de peinture

hiktuu

les vis

meeshaalee muuziqaa

les instruments de musique

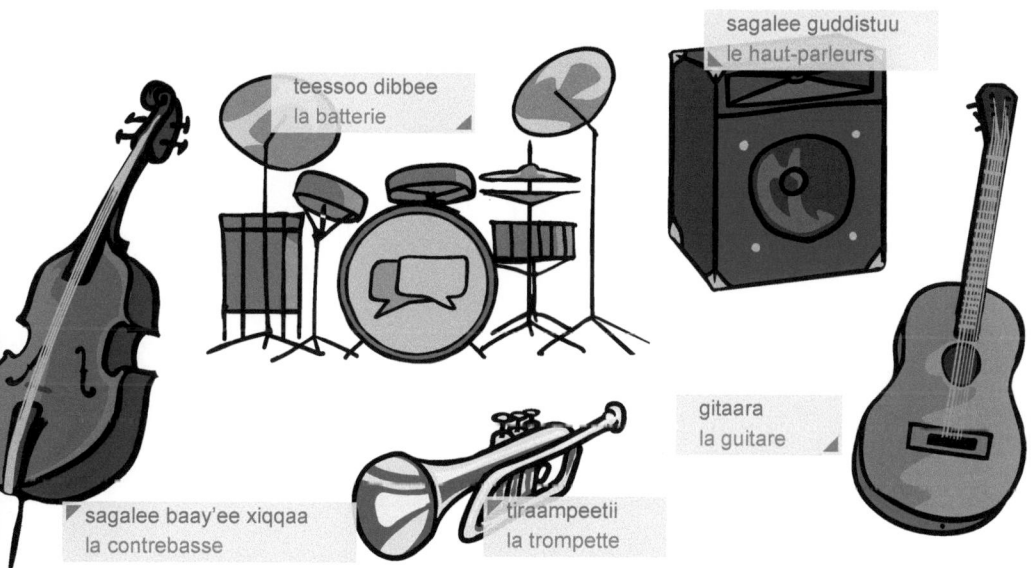

sagalee guddistuu
le haut-parleurs

teessoo dibbee
la batterie

gitaara
la guitare

sagalee baay'ee xiqqaa
la contrebasse

tiraampeetii
la trompette

piyaanoo

le piano

vaayoolinii

le violon

sagalee xiqqaa

la basse

timpaanii

les timbales

dibbee

le tambour

kiiboordii

le piano électrique

saaksi foona

le saxophone

ulullee

la flûte

may craafoona

le microphone

dallaa beeladaa

le zoo

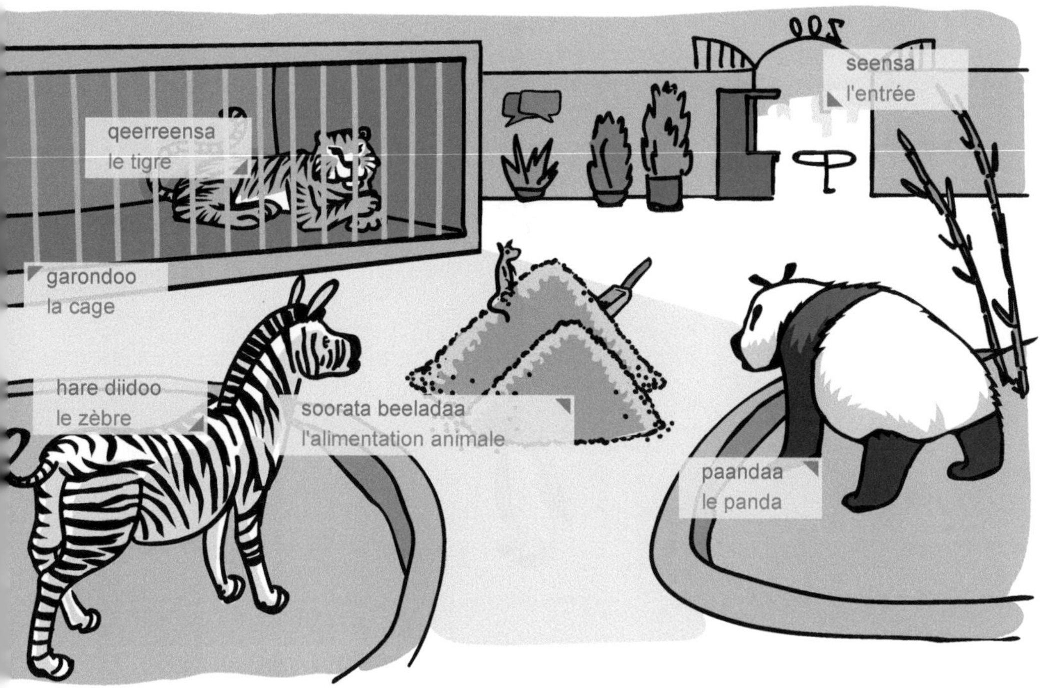
seensa
l'entrée
qeerreensa
le tigre
garondoo
la cage
hare diidoo
le zèbre
soorata beeladaa
l'alimentation animale
paandaa
le panda

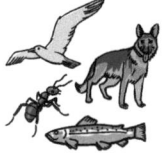

beeladoota

les animaux

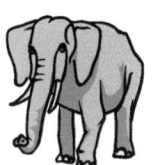

arba

l'éléphant

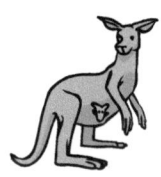

kaangaaroo

le kangourou

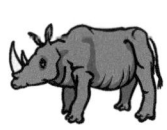

warseesa

le rhinocéros

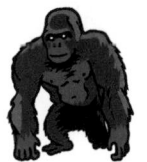

jaldeessa guddaa

le gorille

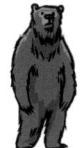

godaa

l'ours

gala

le chameau

guchii

l'autruche

leenca

le lion

jaldeessa

le singe

fiilaamingoo

le flamand rose

simbira dubbattu

le perroquet

diibii poolarii

l'ours polaire

peengyuunii

le pingouin

shaarkii

le requin

piikookii

le paon

bofa

le serpent

qocaa

le crocodile

eegaa zoo

le gardien de zoo

chaappaa

le phoque

sanyii qeerensaa

le jaguar

farda gabaabduu

le poney

sanyii qeerrensaa

le léopard

roobii

l'hippopotame

sattaawwaa

la girafe

culullee

l'aigle

ifaannaa

le sanglier

qurxummii

le poisson

qocaa galaanaa

la tortue

beelada bishaan keessaa

le morse

sardiida

le renard

godaa

la gazelle

kubbaa miilaa ameerikaa
l'american Football

dargmmii bishkilileettaa
le cyclisme

teenisa
le tennis

kubba kaachoo
le basket-ball

bishaan daakkaa
la natation

aboottoo
la boxe

sigigoo cabbie
le hockey sur glace

kubbaa miilaa

le football

baadmentanii

le badminton

atileetii

l'athlétisme

kubba harkaa

le handball

skiing

le ski

pooloo

le polo

utaalcha
sauter

hammachuu
embrasser

kolfa
rire

deemuu
marcher

sirbuu
chanter

kadhannaa
prier

dhungoo
faire la bise

abjuu
rêver

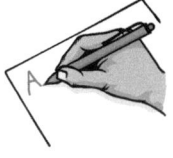

barreessuu

écrire

fakkii kaasuu

dessiner

agrsiisuu

montrer

dhiibuu

pousser

kennuu

donner

fudhachuu

prendre

qabaachuu

avoir

gochuu

faire

ta'uu

être

dhaabbachuu

être debout

kaachuu

courir

harkisuu

trier

darbachuu

jeter

kufuu

tomber

soba

être couché

eeguu

attendre

baachuus

porter

taa'uu

être assis

uffachuu

s'habiller

rafuu

dormir

dammaquu

se réveiller

ilaaluu

regarder

iyyuu

pleurer

dhiibbaa dhiigaa

caresser

filuu

peigner

haasa'uu

parler

hubachuu

comprendre

gaafachuu

demander

dhggeeffachuu

écouter

dhuguu

boire

nyaachuu

manger

ol kaasuu

ranger

jaalala

aimer

bilcheessuus

cuire

oofuu

conduire

barrisuu

voler

jabalan

faire de la voile

heerregii

calculer

dubbisuu

lire

baruumsa

apprendre

hojjechuu

travailler

fuudha

se marier

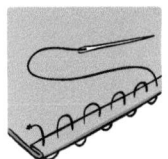

hodhuu

coudre

ilkaan rigachuu

brosser les dents

ajjeecha

tuer

xuuxuu

fumer

erguu

envoyer

raa haadhaa

akaakayyuu karaa abbaa
le grand-père

abbaa
le père

haadha
la mère

daa'ima
le bébé

intala durbaa
la fille

ilma dhiiraa
le fils

keessummaas

l'hôte

adaadaa

la tante

eessuma

l'oncle

obboleessa

le frère

obboleettii

la sœur

qaama

le corps

adda
le front
ija
l'œil
ceekuu
l'épaule
quba
le doigt
fuula
le visage
igicii
le menton
harka
la main
luka
la jambe
harma
la poitrine
irree
le bras

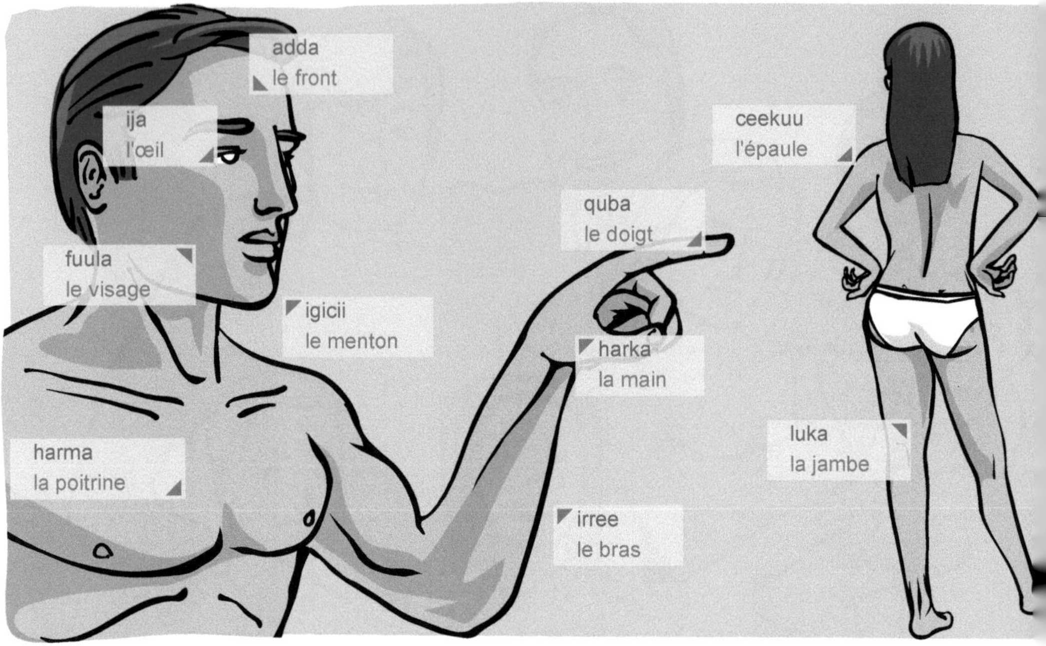

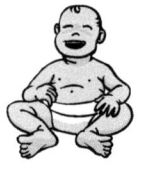

daa’ima

le bébé

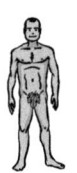

nama

l'homme

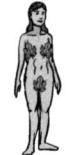

dubartii

la femme

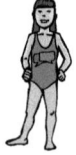

durba

la fille

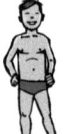

mucaa

le garçon

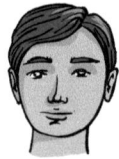

mataa

la tête

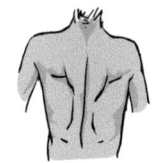

duuba

le dos

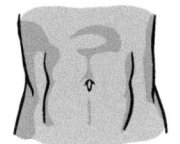

godhami

le ventre

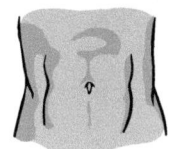

belly button

le nombril

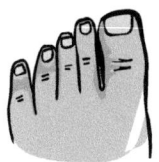

qubq miilaa

l'orteil

koomee

le talon

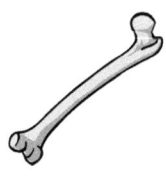

lafee

l'os

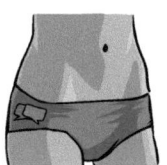

dirra

la hanche

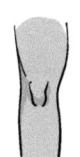

jilba

le genou

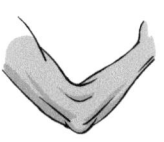

ciqilee

le coude

fuunyaan

le nez

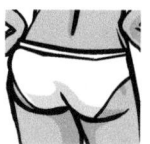

jala

les fesses

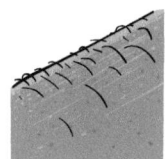

gogaa

la peau

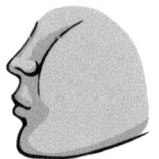

boqoo

la joue

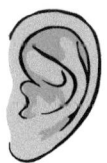

gurra

l'oreille

hidhii

la lèvre

afaan

la bouche

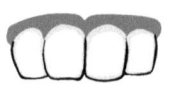

ilkee

la dent

arraba

la langue

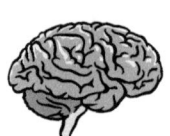

sammuu

le cerveau

onnee

le cœur

fon irree

le muscle

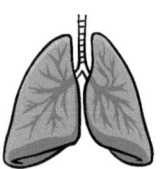

somba

les poumons

tiruu

le foie

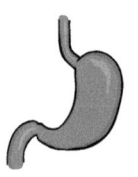

garaacha

l'estomac

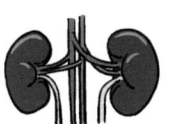

kaleewwan

les reins

wal qunnamitii saalaa

le rapport sexuel

kondomii

le préservatif

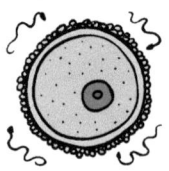

buphaa dubartii

l'ovule

mi'oo

le sperme

ulfa

la grossesse

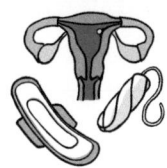

laguu ji'aa

la menstruation

buqushaa

le vagin

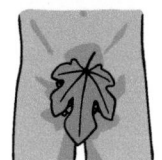

tuffee

le pénis

laboobbaa ijaa

le sourcil

rifeensa

les cheveux

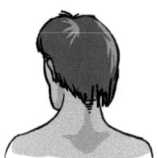

morma

le cou

hospitaala
l'hôpital

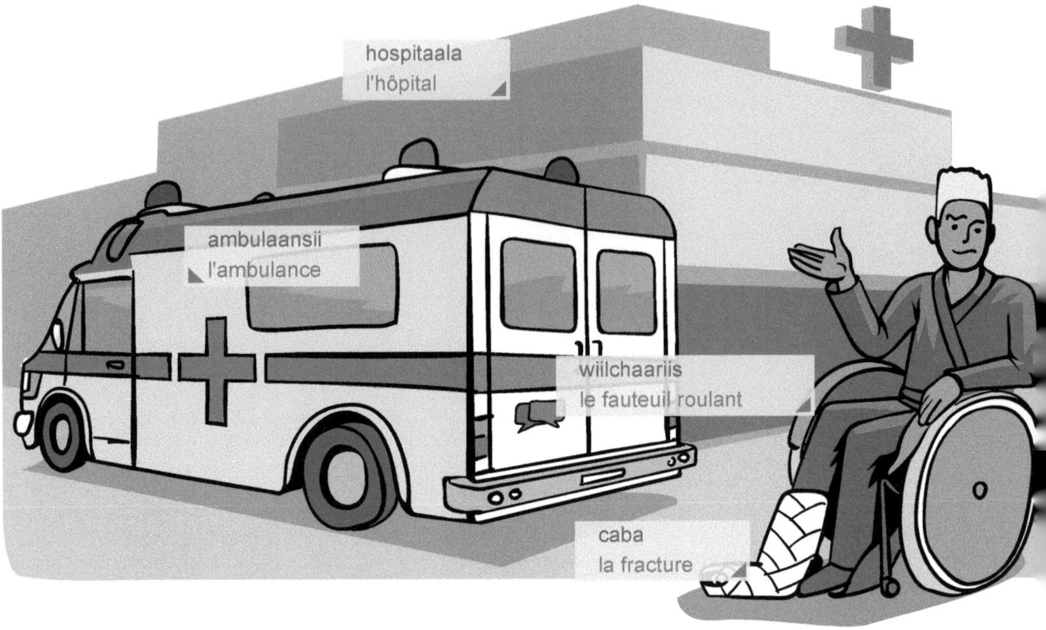

hospitaala
l'hôpital
ambulaansii
l'ambulance
wiilchaariis
le fauteuil roulant
caba
la fracture

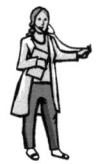

doktora

le médecin

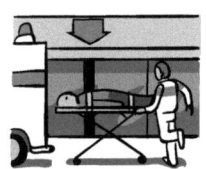

kutaa hatattamaa

le service des urgences

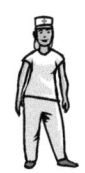

narsii

l'infirmière

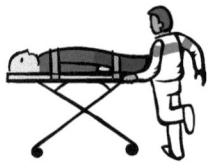

hatattama

l'urgence

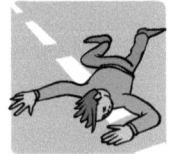

kan hin dammaqin

inconscient

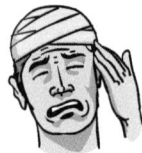

dhukkubbii

la douleur

miidhhaa

la blessure

dhiiguu

l'hémorragie

dhukkuba onnee

la crise cardiaque

baay'ina dhiigaa

l'attaque cérébrale

hooqxoo

l'allergie

qufaa

la toux

oo'aa qaamaa

la fièvre

qufaa

la grippe

baasaa

la diarrhée

bowoo mataa

le mal de tête

kaansarii

le cancer

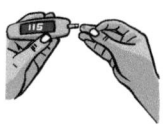

dhibee sukkaaraa

le diabète

baqaqsanii hodhuu

le chirurgien

halbee

le scalpel

hojii

l'opération

CT
le CT

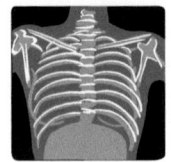

raajii
la radiographie

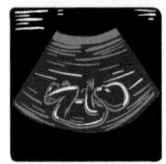

aaltraasaawandii
l'échographie

haguuggii fuuiaa
le masque

dhukkuba
la maladie

kutaa haar galfii
la salle d'attente

hirkannaa
la béquille

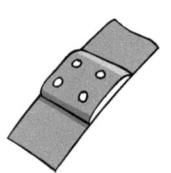

pilaastara
le pansement

baandeejii
le pansement

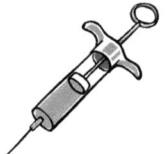

limmoo waraanuu
l'injection

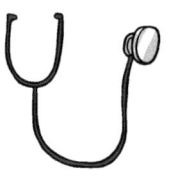

isteetskooppi
le stéthoscope

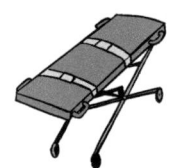

siree dhukkubsataa
le brancard

termoo meetira klinikaa
le thermomètre

dhaloota
l'accouchement

ulfaatinaa ol
la surcharge pondérale

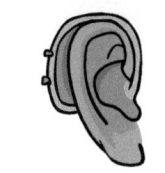

gargaaraa dhageettii

l'appareil auditif

qoricha aramaa

le désinfectant

miidhama keessaa

l'infection

vaayirasa

le virus

ECH AAIVII / EEDSII

le VIH / le sida

qoricha

le médicament

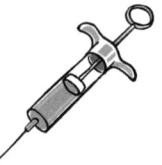

talaallii

la vaccination

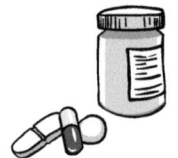

kiniinii

les comprimés

kiniinii

la pilule

vaamicha hatattamaa

l'appel d'urgence

too'attuu dhiibbaa dhiigaa

le tensiomètre

dhukkuba / fayyaa

malade / sain

gargaarsa!

Au secours !

alaarmiis

l'alarme

weerara

l'assaut

miidhuu

l'attaque

suukaneessaa

le danger

baha hatattamaa

la sortie de secours

abidda

Au feu!

abidda dhaamisituu

l'extincteur

balaa

l'accident

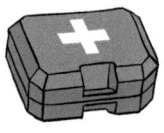

saanduqa gargaasa
calqabaa

la trousse de premier
secours

Sii'oosii

SOS

foolisii

la police

awurooppaa

l'Europe

ameerikaa kabaa

l'Amérique du Nord

ameerikaa kibbaa

l'Amérique du Sud

afrikaa

l'Afrique

eesiyaa

l'Asie

awustraaliyaa

l'Australie

atilaantik

l'Océan atlantique

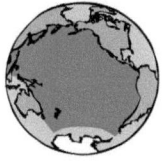

paasfiik

l'Océan pacifique

galaana hindii

l'Océan indien

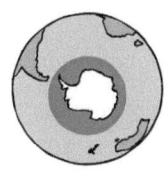

galaana antaartikaa

l'Océan antarctique

galaana arkitiik

l'Océan arctique

polii kaabaa

le Pôle nord

polii kibbaa

le Pôle sud

antaartikaa

l'Antarctique

dachee

la terre

dachee

le pays

garba

la mer

odola

l'île

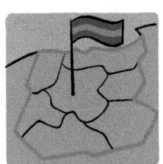

lammii

la nation

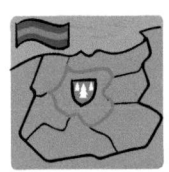

kutt biyyaa

l'état

clock face
·················
le cadran

sa'aatii kana
·················
l'aiguille des heures

daqiiqaa kana
·················
l'aiguille des minutes

moofaa
·················
aiguille des secondes

yeroon meeqa ta'ee?
·················
Quelle heure est-il ?

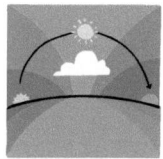

guyyaa
·················
le jour

yeroo
·················
le temps

amma
·················
maintenant

sa'aatii diiskoo
·················
la montre digitale

daqiiqaa
·················
la minute

sa'aatii
·················
l'heure

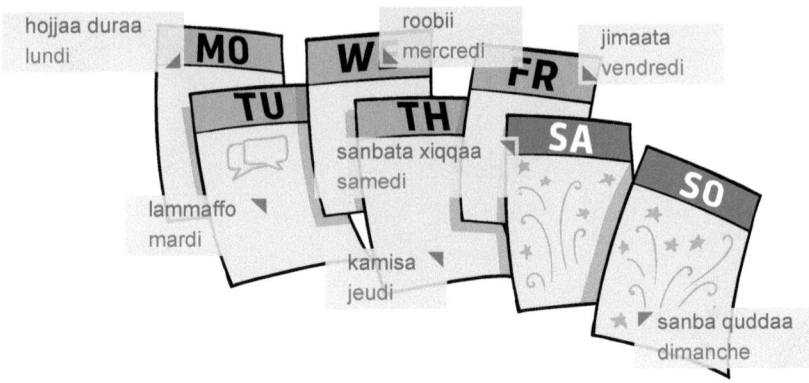

hojjaa duraa
lundi

roobii
mercredi

jimaata
vendredi

lammaffo
mardi

sanbata xiqqaa
samedi

kamisa
jeudi

sanba quddaa
dimanche

kaleessa

hier

har'a

aujourd'hui

boru

demain

ganama

le matin

guyyaa qixxee

le midi

galgala

le soir

MO	TU	WE	TH	FR	SA	SU
1	2	3	4	5	6	7
8	9	10	11	12	13	14
15	16	17	18	19	20	21
22	23	24	25	26	27	28
29	30	31	1	2	3	4

guyyaa hojii

les jours ouvrables

MO	TU	WE	TH	FR	SA	SU
1	2	3	4	5	6	7
8	9	10	11	12	13	14
15	16	17	18	19	20	21
22	23	24	25	26	27	28
29	30	31	1	2	3	4

dhuma forbee

le week-end

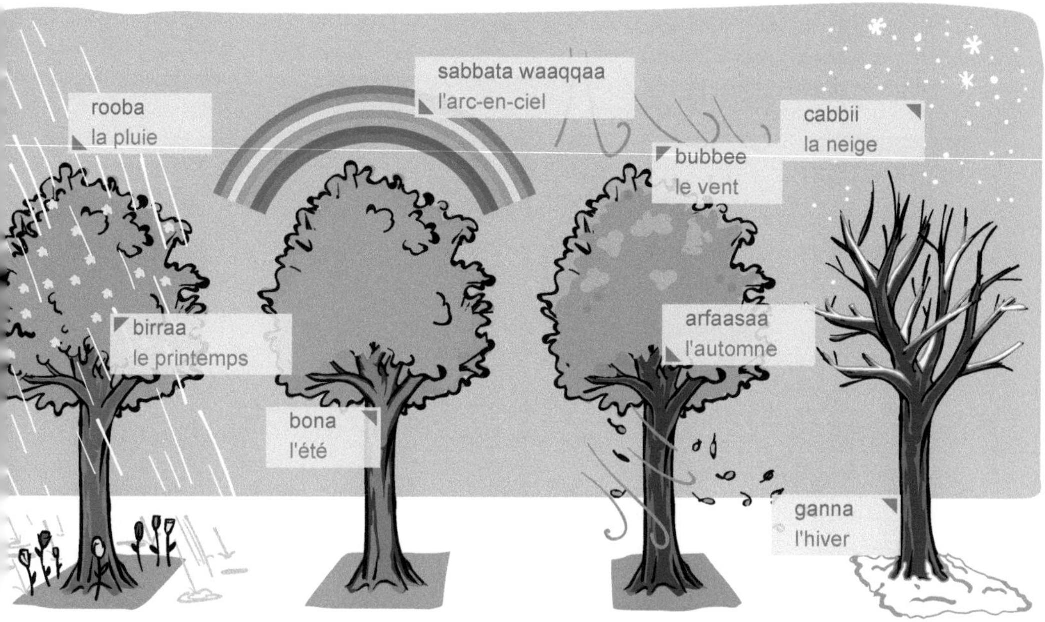

rooba
la pluie
sabbata waaqqaa
l'arc-en-ciel
cabbii
la neige
bubbee
le vent
birraa
le printemps
arfaasaa
l'automne
bona
l'été
ganna
l'hiver

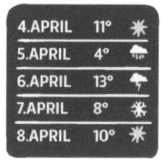

4.APRIL 11°
5.APRIL 4°
6.APRIL 13°
7.APRIL 8°
8.APRIL 10°

aaga haala qileensaa

la météo

F C
120 40
90 30
60 20
30 10
0 0
-30 -10
-20

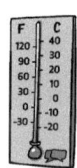

teermoomeetirii

le thermomètre

baha aduu

la lumière du soleil

duumessa

le nuage

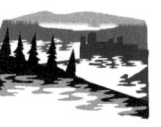

hurii

le brouillard

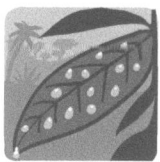

jiidha

l'humidité

bakakkaa

la foudre

balaqqee

la tonnerre

dirrisa

la tempête

cabbii

la grêle

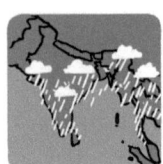

monsoon

la mousson

lolaa

l'inondation

cabbie

la glace

Amajjii

janvier

Gurraandhala

février

Bitootessa

mars

Eebila

avril

Caamsaa

mai

Waxabajji

juin

Adooleessa

juillet

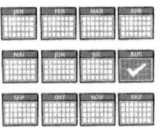

Hagayya

août

Fulbaana
....
septembre

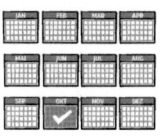

Onkololeessa
....
octobre

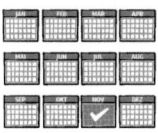

Sadaasa
....
novembre

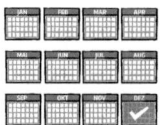

Muddee
....
décembre

boca

les formes

geengoo
....
le cercle

isqeerii
....
le carré

rog arfee
....
le rectangle

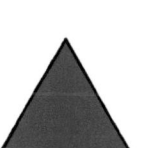

rg sadee
....
le triangle

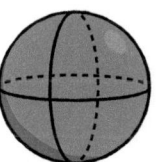

molaalee
....
la sphère

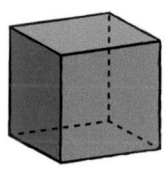

kuubii
....
le cube

adii
....
blanc

boora
....
jaune

keelloo
....
orange

boorilee
....
rose

diimaa
....
rouge

bunnii
....
violet

cuqliisa
....
bleu

magariisa
....
vert

magaala
....
marron

bulee
....
gris

gurraacha
....
noir

baay'ee / xiqqoo

beaucoup / peu

aara / gammachuu

fâché / calme

bareeda / fokkuu

joli / laid

calqaba / xumuura

le début / la fin

guddaa / xiqqaa

grand / petit

ifa / dukkana

clair / obscure

bboleessa / obboleettii

frère / soeur

qulqulluu / xurii

propre / sale

xumuuramaa / kan hin xumuuramin

complet / incomplet

guyyaa / halkan

le jour / la nuit

du'aa / jiraa

mort / vivant

bal'aa / dhiphaa

large / étroit

kan nyaatamu / kan hin nyaatamne

comestible / incomestible

badd / gaarii

méchant / gentil

gammachuu / ifannaa

excité / ennuyé

furdaa / qal'aa

gros / mince

calqaba / dhuma

le premier / le dernier

michuu / diina

l'ami / l'ennemi

guutuu / duwwaa

plein / vide

sakoruu / lalllaafaa

dur / souple

ulfaataa / salphaa

lourd / léger

beeluu / dheebuu

faim / soif

dhukkuba / fayyaa

malade / sain

seer malee / seera qabeessa

illégal / légal

gaanfuree / dabeessa

intelligent / stupide

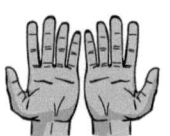

bitaa / mirga

gauche / droite

maddii / fagoo

proche / loin

haara'a / moofaa

nouveau / usé

homma / waan tokko

rien / quelque chose

jaarsa / dargaggeessa

vieux / jeune

ibsuu / dhaamsuu

marche / arrêt

banuu / cufuu

ouvert / fermé

callisuu / sagalee olkaasuu

faible / fort

sooressa / hiyyeessa

riche / pauvre

sirrii / dogongora

correct / incorrect

sokorruu / lallaafaa

rugueux / lisse

aara / gammachuu

triste / heureux

dheeraa / gabaabaa

court / long

qususaa / collee

lent / rapide

jiidhaa / goggogaa

mouillé / sec

oo'aa / qorraa

chaud / froid

lola / nagaa

la guerre / la paix

0

duwwaa

zéro

1

tokko

un / une

2

lama

deux

3

sadis

trois

4

afur

quatre

5

shan

cinq

6

jaha

six

7

torba

sept

8

saddeet

huit

9

sagal

neuf

10

kudhan

dix

11

kudha tokko

onze

12

kudha lama

douze

13

kudha sadi

treize

14

kudha afur

quatorze

15

kudha shan

quinze

16

kudha jaha

seize

17

kudha torba

dix-sept

18

kudha saddeet

dix-huit

19

kudha sagal

dix-neuf

20

diigdama

vingt

100

dhibba

cent

1.000

kuma

mille

1.000.000

maliyoona

le million

Ingiliffa

l'anglais

Ingiliffa Ameerikaa

l'anglais américain

Mandarinii chaayinaa

le chinois mandarin

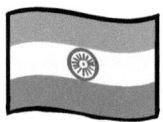

Afaan Hindii

le hindi

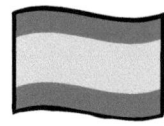

Afaan Speen

l'espagnol

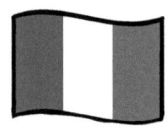

Afaan Faransaay

le français

Afaan Arabaa

l'arabe

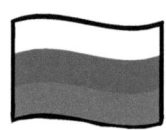

Afaan Raashaa

le russe

Afaan Poortugaal

le portugais

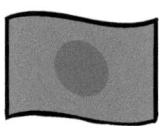

Afaan Beengaal

le bengali

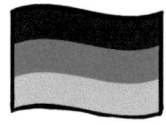

Afaan Jarman

l'allemand

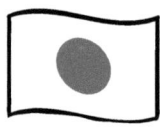

Afaan Jaappaan

le japonais

ana

je

si

tu

isa / ishii / isa / wantootaf

il / elle / ce, c', cela

nu'ii

nous

isin

vous

isan

ils / elles

eenyuu?

Qui ?

maal?

Quoi ?

akkamitti

Comment ?

eessa?

Où ?

hoom?

Quand ?

maqaa

le nom

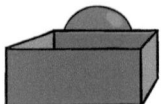

duuba

derrière

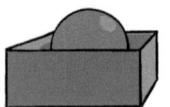

keessa

dans

fuldura

devant

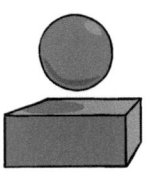

irra

au-dessus

gubbaa

sur

jala

en-dessous

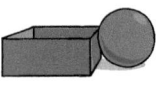

maddii

à côté de

gidduu

entre

bakkee

le lieu